OEUVRES DE MOLIÈRE

NOUVELLE ÉDITION

REVUE SUR LES PLUS ANCIENNES IMPRESSIONS
ET AUGMENTÉE

de variantes, de notices, de notes, d'un lexique des mots et locutions remarquables,
de portraits, de fac-simile, etc.

PAR MM. EUGÈNE DESPOIS ET PAUL MESNARD

ALBUM

PARIS
LIBRAIRIE HACHETTE ET Cie
BOULEVARD SAINT-GERMAIN, 79

1895

ŒUVRES

DE

MOLIÈRE

ALBUM

PARIS. — IMPRIMERIE LAHURE
9, rue de Fleurus.

OEUVRES
DE
MOLIÈRE

NOUVELLE ÉDITION

REVUE SUR LES PLUS ANCIENNES IMPRESSIONS
ET AUGMENTÉE

de variantes, de notices, de notes, d'un lexique des mots et locutions remarquables,
de portraits, de fac-simile, etc.

PAR MM. EUGÈNE DESPOIS ET PAUL MESNARD

ALBUM

PARIS
LIBRAIRIE HACHETTE ET Cⁱᵉ
BOULEVARD SAINT-GERMAIN, 79

1895

PORTRAITS DE MOLIÈRE

Œuvres de Molière. — Album.

I

PORTRAIT DE MOLIÈRE

Dans le rôle de César de *la Mort de Pompée*.

Ce portrait a été dessiné par M. Ronjat d'après le tableau attribué à Pierre Mignard et conservé au foyer de la Comédie-Française. — Héliogravure Dujardin.

MOLIÈRE
dans le rôle de César de "La mort de Pompée"

II

Portrait de Molière

Ce portrait a été dessiné par M. Ronjat d'après le tableau attribué à Pierre Mignard qui fait partie de la collection de Monseigneur le Duc d'Aumale au château de Chantilly. — Héliogravure Dujardin.

MOLIÈRE
d'après le tableau attribué à Pierre Mignard

III

PORTRAIT DE MOLIÈRE

Ce portrait a été dessiné par Auguste Sandoz d'après Pierre Mignard, et gravé par Desvachez.

# FAC-SIMILÉS D'AUTOGRAPHES

OEuvres de Molière. — Album.

I

QUITTANCE AUTOGRAPHE DE MOLIÈRE

Datée du 17 décembre 1650.

L'original est aux Archives départementales de l'Hérault.

J'ay receu de Monsieur de Penautier la somme de quatre mille livres ordonnées aux comediens par Messieurs des Estats. faict a pezenas ce 17ᵉ decembre mil six cent cinquante. Moliere.

pour 4000 lt

II

QUITTANCE AUTOGRAPHE DE MOLIÈRE

Datée du 24 février 1656.

L'original est aux Archives départementales de l'Hérault.

J'ay reçeu de Monsieur le sieur thresorier de la bourse des Estats de Languedoc la somme de six mille livres a nous accordez par messieurs du Bureau des comptes de laquelle somme ie le quitte faict a pezenas ce vingt quatriesme jour de febvrier 1656 MoLiere .j.

Quittance de six mille livres

III

Signatures de Molière

J.B.P. Molière.

Signature de Molière,
Archives nationales.

Vitrine 75, côté 1 et 2. N° 854 bis.
JEAN-BAPTISTE POQUELIN MOLIÈRE.
Comédien de S. A. le duc d'Orléans.

Plainte contre plusieurs laquais qui avaient voulu pénétrer sans payer dans la salle de la Comédie-Française, au Palais-Royal.
(Signature autographe.)
25 février 1662.

J. B. Poquelin Molière.

Signature de Molière,
Archives nationales.

Vitrine 75, côté 1 et 2. N° 854 bis.
JEAN-BAPTISTE POQUELIN MOLIÈRE.
Comédien de S. A. le duc d'Orléans.

Plainte et information en escroquerie contre le nommé Coiffier, ci-devant huissier au Grand Conseil.
29 octobre 1672.

J.B.P. Molière.

Signature de Molière,
Bibliothèque nationale.
N° 349, vitrine 32.

Quittance de Molière du 26 juin 1668.

HABITATION

OEuvres de Molière. — Album.

POTEAU CORNIER DE LA MAISON DES SINGES, habitée par Molière dans son enfance, au coin de la rue Saint-Honoré et de la rue des Étuves, actuellement rue Sauval.

Ce dessin a été fait d'après la gravure au trait qui se trouve au tome III du *Musée des Monuments français* d'Alexandre Lenoir.

(Voyez Notice biographique, page 7, note 2.)

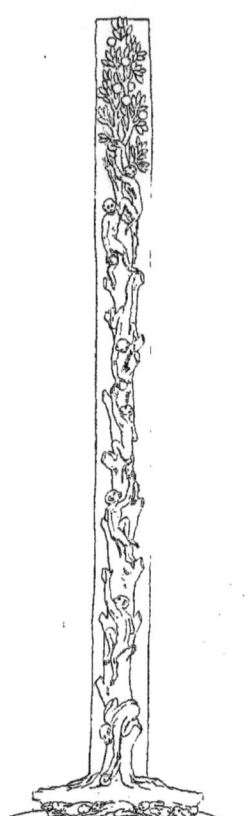

Poteau cornier de la Maison des Singes.

THÉATRE, DÉCORATIONS
COSTUMES

I

LE VRAI PORTRAIT DE M. DE MOLIÈRE

En habit de Sganarelle, par Simonin.

L'original est à la Bibliothèque nationale. (Voyez Notice bibliographique page 56, note 2, et page 312, Addition à la p. 408 du tome VIII.)

Simonin Fecit

Le vray Portrait de Mr de Moliere en Habit de Sganarelle.

II

SCÈNE DE LA PREMIÈRE JOURNÉE DES *Plaisirs de l'Ile enchantée*, représentant Molière en Dieu Pan sur un char.

Reproduction de la gravure originale d'Israël Silvestre. Chalcographie du Louvre.

Molière en Dieu Pan dans la Première Journée des *Plaisirs de l'Île enchantée*.

III

SCÈNE DE LA *Princesse d'Élide*

(Seconde journée des *Plaisirs de l'Ile enchantée*.)

Dessinée par Mlle Lancelot, d'après la gravure originale d'Israël Silvestre.

Scène de la Princesse d'Élide.

IV

Représentation du *Malade imaginaire*

Devant la grotte de Versailles, troisième journée des divertissements de Versailles donnés par le Roi à toute sa cour au retour de la conquête de Franche-Comté en l'année 1674, dessinée par Mlle Lancelot d'après une gravure de Le Pautre. (Voyez Notice bibliographique, page 173.)

Représentation du *Malade imaginaire* devant la grotte de Versailles

V

QUATRE SCÈNES DE *Monsieur de Pourceaugnac.*

Reproduction d'une gravure attribuée à Le Pautre, au folio 163 du tome V de l'œuvre de Le Pautre à la Bibliothèque Nationale.

Scènes de *Monsieur de Pourceaugnac*.

VI

QUATRE SCÈNES DE *Tartuffe*.

Reproduction d'une gravure attribuée à Le Pautre, au folio 164 du tome V de l'œuvre de Le Pautre à la Bibliothèque Nationale.

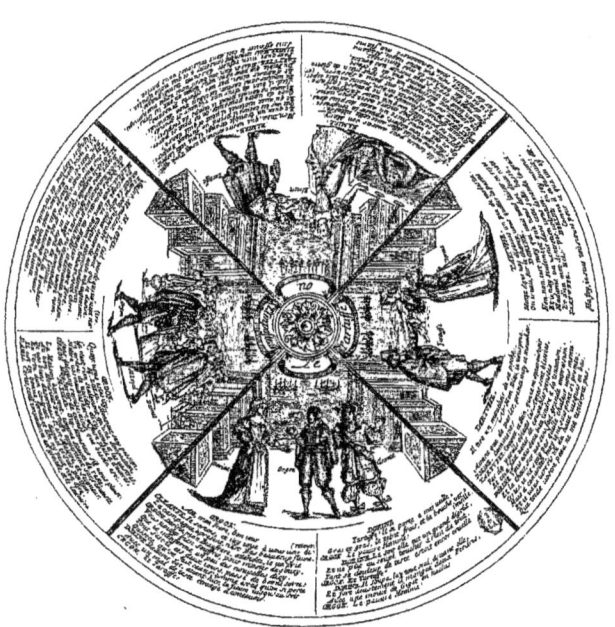

Scènes de *Tartuffe*.

QUATRE ESTAMPES DE BRISSART

Pour l'Édition de 1682.

Gravées par F. Sauvé pour l'édition des *OEuvres de Molière* donnée par Thierry-Rabouillet-Barbin en 1682.

Le Misanthrope, le Médecin malgré lui, l'Avare, le Malade imaginaire.

(Voyez p. 71, fin, de la Notice bibliographique.)

LE MISANTROPE

LE MEDECIN MALGRÉ LUY

L'AVARE

LE MALADE IMAGINAIRE

FRONTISPICES

Œuvres de Molière. — Album.

Frontispices des Éditions originales

De *l'École des Maris*, de *l'École des Femmes*, de *l'Amour médecin* et du *Misanthrope*.

FRONTISPICE DE CHAUVEAU

Pour le Recueil des OEuvres de Molière publiées en 1666. — Tome I.

Ce frontispice représente Molière dans l'extravagant costume de Mascarille des *Précieuses ridicules* et en Sganarelle.

(V. Notice bibliographique p. 56, 2ᵉ alinéa, fin.)

Molière en Mascarille et en Sganarelle.

FRONTISPICE DE CHAUVEAU

Pour le Recueil des OEuvres de Molière publiées en 1666. — Tome II.

Ce frontispice représente Molière dans le costume d'Arnolphe de l'*École des Femmes*, et Mlle de Brie dans le costume d'Agnès.

(V. Notice bibliographique p. 56, 2ᵉ alinéa, fin.)

Molière dans le costume d'Arnolphe

Image de la Confrérie de l'Esclavage de N.-D. de la Charité, dessin de Chauveau, gravure de Le Doyen, 1665. Cette image a été décrite tome IX, p. 580, note 2. Elle se trouve au tome I, folio 23, de l'œuvre de Chauveau, conservé à la Bibliothèque Nationale.

Deux quatrains de Molière sont inscrits au bas.

MUSIQUE

Fac-similé de la courante de Lulli pour les *Fâcheux*. L'original est à la Bibliothèque du Conservatoire, tome 44 de la collection Philidor.

(Voyez Notice bibliographique p. 8, note 1.)

Fac-similé de la courante de Lulli pour les *Fâcheux*

Fac-similé de la courante de Lulli pour les *Fâcheux*

PARIS. — IMPRIMERIE LAHURE
9, rue de Fleurus.

www.ingramcontent.com/pod-product-compliance
Lightning Source LLC
LaVergne TN
LVHW050556090426
835512LV00008B/1186